D1729928

Elisabeth Haimel

„Extrem-Wolking"

... und seine ungeahnten Folgen

1.

„Nur noch ein winziger Bissen und ich platze", denkt sich Samuel. Vollgestopft mit der Wunderfrucht, die es heute zum Nachtisch gab, liegt der kleine Engel schmatzend in seiner Wolke. Das beste Versteck für ein Lieblingsessen ist immer noch der eigene Bauch. Dass er Erdbeeren seit Kurzem so sehr liebt, hat eine spannende Vorgeschichte. Doch alles schön der Reihe nach ...

Zuerst wollen wir die Hauptfigur dieser Geschichte etwas näher kennenlernen:

Name:	Samuel Zacharias Matthias Helmut Hartmut Josef Karl III.
Alter:	Mit seinen 304 Jahren gehört er zu den jüngeren Engeln hier oben.
Schule:	Ausbildung zum „Problemlöser für Erdbewohner-Angelegenheiten". Das bedeutet, Samuel darf bald bei den Abenteuerreisen zur Erde dabei sein! Bis zur Abschlussprüfung sind es nur noch 39 Jahre. Das entspricht einem Semester. Fünf hat er bereits geschafft.
Wohnort:	Wattebauschwolke Nr. 585.245, Flughöhe 10.615 m Sein Zuhause schwebt zwischen dem Stern Planetus und dem Schiefen Turm. Dieser befindet sich in einem Land, das wie ein Stiefel aussieht.

Anzahl der Flügelfedern:	746 (vor dem Spaßraufen)
Gewicht:	87 Gramm (mit leerem Bauch)
Maximale Fluggeschwindigkeit:	15 km/h (bei Windstille)
Lustigkeit (von 1 – 10):	10 (an schulfreien Tagen)
Coolness (von 1 – 10):	8 (unter Freunden)
Faulitis (von 1 – 10):	9 (fast immer)
Wurstigkeit (von 1 – 10):	10 (immer)

Ein kuscheliges Zuhause ist einer der wertvollsten Schätze.

Samuel hat ein Geheimnis. Das bleibt aber unter uns …

Für ihn ist nichts schöner als herumzuhängen, zu faulenzen oder den ganzen Tag zu relaxen!

Schließlich gönnt sich jeder coole Typ öfter mal ein richtig ausgedehntes Schläfchen! Cool sein ist nämlich anstrengender als man denkt!

Die Frisur muss perfekt sitzen, der völlig entspannte Wurstigkeits-Gesichtsausdruck darf nicht fehlen. Entscheidend ist vor allem eine gechillte Haltung. Das klingt zwar locker flockig, dennoch steckt jede Menge Entspannung und Faulenzen hinter gutem Aussehen!

Hier sind Samuels Profi-Tipps, um top gestylt in den Tag zu starten:

1. Finde eine supersofte Wolke!

„Eine flauschige Wolke zu finden ist schwierig", erklärt Samuel. „Ich muss gestehen, aber bitte nicht weitersagen, hin und wieder klaue ich Stückchen von bereits besetzten Wolken. Jeder ist hier mit Hunderten Dingen beschäftigt. Darum fällt es niemandem auf, wenn ich mir ein paar Teilchen zupfe."

Nach dem Zusammenfügen der Bausche, formt Samuel ein kuscheliges Kissen. Jetzt heißt es genießen! Ganz locker und entspannt lässt er sich in die Wolke fallen. Verschlungen von weicher Watte schwebt er durch den Himmel.

Der Begriff „Extrem-Wolking" bezieht sich exakt auf dieses Nichtstun! Das genialste Gefühl, das es je gegeben hat!

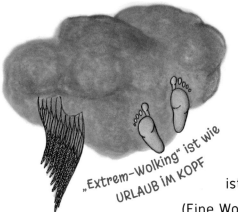

„Extrem-Wolking" ist wie URLAUB IM KOPF

Hmm ... Wie beschreibt man das am besten ...? Man hat das Gefühl, in einem Swimmingpool zu baden, der randvoll gefüllt ist mit weichen Pusteblumen (Eine Wolke ist zwar um vieles weicher, aber einen besseren Vergleich gibt es nicht). Man könnte das „Extrem-Pustebluming" nennen.

Ein Pustebluming-Bad verwöhnt die innere und äußere Schönheit.

2. Fange mindestens tausend Sonnenstrahlen ein!

Nachmittage, an denen die Sonne vom Himmel lacht, nutzt Samuel, um Sonnenstrahlen einzufangen. Die goldenen Strahlen kitzeln sein Gesicht und erwärmen jede Zelle seines Körpers. In

6

den Federn seiner Flügel sammeln sie sich. Die gespeicherten Strahlen leuchten so stark, als hätte er ein großes Stück der Sonne verschluckt.

3. Lass dich von nichts und niemandem stören!

Der dritte Punkt ist am schwierigsten umzusetzen. Geräusche ignorieren geht gerade noch. Blöd ist, wenn sich andere einen Spaß daraus machen, einem das Chillen zu vermiesen ...

Eine Wolke ist super schallschluckend. Die meisten Geräusche und Ablenkungen hört man ohnehin leise. Für absolute Stille sorgen Ohrstöpsel oder Kopfhörer. Allerdings würden einem dadurch viele geniale Tagesereignisse entgehen.

„Ich mag meine abenteuerlustigen, ausgeflippten Freunde. Stören sie mich jedoch beim Abhängen, kann es passieren, dass ich grantig werde. Geschafft! Alle Regeln erledigt! Jetzt habe ich mir eine Runde Faulenzen verdient!", freut sich Samuel.

2.

Die Wolke spielt verrückt. Zuerst bewegt sich Samuels Bett nach oben, danach stürzt es nach unten. „Was soll der Blödsinn? Kann man nicht einmal in Ruhe schlafen?"
Einige Wolkenteile lösen sich und schweben davon. „Wie nervig ist das denn? Und jetzt wechselt meine Schlafwolke auch noch die Farbe? Echt seltsam."

Die Wolke bekommt unschöne gelbe, rote und braune Flecken … Was für ein Albtraum!! „Ich möchte aufwachen, damit alles so ist wie vorher!" Samuel zwickt sich in den Arm. „Aua!" Zu seiner großen Enttäuschung bemerkt er, dass es kein Traum ist.

Freunde sind wie bunte Farbkleckse im grauen Alltag.

Der gelbe Fleck wird noch größer. „Hab dich gefunden, du Faulenzer!", ruft Michael, der nun seinen ganzen Kopf aus der Wolke steckt. Ach so! Der gelbe Klecks entpuppt sich als blondes Wuschelhaar seines Freundes! „Lass mich in Ruhe!", murrt Samuel wütend. „Ich will weiterschlafen, du zerstörst meine Wolke!"

Jetzt kommen weitere Köpfe zum Vorschein. „Hier bist du also!", lächelt der rot gelockte Raphael. „Typisch! Du liegst hier faul herum. Wir waren den ganzen Vormittag in der doofen Lernstunde."

„Raus aus der Watte!", fordert David. „Beeile dich! Bläck Gerda sucht nach dir!"

Genervt quält sich Samuel aus seinem Bett. „Was will DIE schon wieder? Von DER lasse ich mir nichts sagen! Die kann mich mal!"

Alle fürchteten sich vor Bläck Gerda, auch Samuel. Zugeben würde er das nicht. Den Spitznamen „Bläck" haben sich die vier Freunde ausgedacht. Ihre strenge Lehrerin ist bekannt für den teuflischen Blick. Er genügt, um ihre Lerngruppe zum Schweigen zu bringen. Wenn sie losbrüllt, erstarren sogar die Coolsten der Klasse. Der Name „Bläck Gerda" verbreitet Angst und Schrecken. Samuel muss seine Gänsehaut unter dem Pullover verstecken.

Gerda ist nicht freiwillig hier. Irgendetwas Schlimmes war ihr auf der Erde zugestoßen. Genaueres weiß niemand.

„Ich habe gehört", erinnert sich Samuel, „dass Gerda angeblich einen schweren Unfall hatte. Sie wollte ein Erdenkind retten. Dabei wurde sie von einem Auto überrollt."

(„Ehrlich gesagt, finde ich diese Geschichte unlogisch. Wie soll das gehen? Sie wird überrollt? Das überlebt doch keiner!")

Ihr gebrochener Flügel ist nicht mehr heil geworden. Viele Federn sind geknickt und ohne Glanz. Im Großen und Ganzen sieht sie ziemlich besch ... äh, bescheiden aus. Ihre schlechte

Laune, und das fehlende Interesse an ihren Schülern, kann sie kaum verbergen.

Aus diesen Gründen ist Bläck Gerda auf **Platz 1** der gefürchtetsten Lehrer/innen.

„... und ICH habe das GROSSE Pech, in ihrem Kurs zu sein."

4.

„Samuel", rät David, „an deiner Stelle würde ich die Flucht ergreifen. Wenn dich Bläck Gerda findet, wird sie dir jede Feder einzeln ausreißen!"
Jetzt bekommt Samuel es mit der Angst zu tun. Seine Herzschläge verdoppeln sich. SSTTRREESS! Gegenüber seinen Freunden meint er nur lässig: „Keine Panik, die blöde Kuh ist mir egal!"

Die Vier sausen durch die Luft. „Juhu, das macht Spaß!", jubelt Raphael. Im Turboflug durchquert er eine Wolke nach der anderen. Dabei zerfetzt er sie in tausend Stücke. Michael und David folgen Raphael.

Samuel wird kurz abgelenkt. Ein megamäßig dunkles, interessantes Wolken-Ungetüm erregt seine Aufmerksamkeit. „Kommt! Hier drüben ist eine viel Größere!", schreit er lauthals. „Eine richtig fette graue Regenwolke!" Mit großer Vorfreude jagt Samuel auf sie zu. Er beschleunigt auf Tornadotempo und rast geradewegs hinein.

„Mich, das größte Versteckgenie, findet die dumme Gerda nie!",
triumphiert er.

„Wo ist Samuel?", wundert sich David. „Komisch, wo bleibt er so
lange?"
Nichts geschieht! „Er kommt bestimmt gleich wieder raus",
beruhigt ihn Michael. Die dunkle Wolke hat Samuel verschluckt.

Gespannt blicken die drei Freunde auf das schwarze Ding. „Da
bewegt sich was!", bemerkt Michael. David und Raphael erstarren vor Schreck. Aus der Regenwolke ragt die Spitze eines
dunklen Flügels.

**Samuel ist in die Mittagsschlafwolke von Bläck Gerda geflo-
gen!!! Das wird ungeahnte Folgen haben ...**

5.

„Schnell weg hier, bevor sie uns auch noch entdeckt!", ruft Michael.
Alle ergreifen schnurstracks die Flucht. Die nächstgelegene
Wolke dient als Versteck.

„Du Bengel!", hört man die Lehrerin schimpfen. „Zuerst schwänzt
du meinen Kurs, und jetzt wagst du es, meinen Mittagsschlaf zu
stören!" Das Toben und Schreien klingt leise. Die Regenwolke
verschluckt das meiste. Trotzdem ist die Situation furchterre-
gend. Keiner wagt es, darüber nachzudenken, wie das Ganze
enden wird. Von Spucke-Regen bis Taubschimpfen, alles ist
möglich!

„Entschuldigen Sie, Frau Gerda, mir ging es heute Morgen nicht gut", rechtfertigt sich Samuel. „Ja, wer's glaubt! Solche Ausreden kenne ich! Die höre ich nicht zum ersten Mal. Das wird Folgen für dich haben! So einfach kommst du mir nicht davon! Etwas derart Unverschämtes ist mir in meinem ganzen Leben noch nicht untergekommen. Noch nie hat es jemand gewagt, mich während meines Mittagsschlafs zu stören! Heute Nachmittag erwarte ich dich in der Lerngruppe! Und wehe, du kreuzt nicht auf!"

„O-Okay! Ich w-werde d-da sein", piepst Samuel eingeschüchtert. „Bis dahin überlege ich mir eine angemessene Bestrafung", bleibt Gerda weiter streng. „Und jetzt lass mich weiterschlafen!", befiehlt sie mit knallrotem Kopf.

Klein wie ein Federfloh verlässt Samuel den düsteren Ort. Seine Flügel sind ganz nass (entweder vom Spucke-Regen oder von den Regentropfen, das bleibt unklar). Nur schwer gelingt es ihm, sich in der Luft zu halten. Der kleine Engel kann froh sein, dass ihn die dunkle Regenwolke wieder lebendig ausgespuckt hat. Mit letzter Kraft schleppt er sich zum Versteck seiner Freunde.

6.

„Wir haben uns richtig große Sorgen um dich gemacht!", bombardieren sie ihren Freund. Samuel ist völlig zerknautscht. „Echt fies, dass sich Gerda genau diese Wolke ausgesucht hat! Das konnte ja niemand ahnen", fügt Raphael hinzu.

„Und dann regt sie sich auch noch auf! Kein normaler Engel legt sich in der Mittagspause freiwillig in eine Regenwolke", findet David.

„Alles halb so wild!", versucht Samuel die Situation herunterzuspielen. „Es war schon ein Schock, mit ihr zusammenzukrachen. Und dann war Gerda noch in Unterwäsche! Scheußlich, echt widerlich! Augenkrebs sage ich euch! Ich hoffe, mein Gehirn hat keinen bleibenden Schaden." Samuel verzieht bei seinen Erzählungen witzig das Gesicht. Alle biegen sich vor Lachen.

im Kopfkino laufen gute und schlechte Filme.

„So schnell lasse ich mich von DER nicht einschüchtern! Bin gespannt, was sie sich für mich überlegt. Da muss sie ihre Gehirnzellchen richtig gut anstrengen! Eigentlich war ihr Outfit schon Strafe genug! Geschmacksverwirrung auf höchster Stufe! Von Bläck Gerda lasse ich mir den Nachmittag nicht verderben!"

Die lustige Schilderung des „Wolkencrashings" (= Zusammenstoß) lockert sofort die angespannte Situation. Die Vorstellung von Gerda in Unterwäsche hilft Samuel, seine Angst vor der Bestrafung zu verdrängen. Coolness hat früher schon tapfere

Ritter in hellem Glanz erstrahlen lassen. Hinter vielen dieser „WOW-Geschichten" verbergen sich oft große Schisshasen.

7.

Eine Strafe gab es bei Frau Gerda bis jetzt nur ein einziges Mal. Damals musste ihr Schüler aufgrund seiner Giftgas-Aktion eine Woche runter zu den Erdbewohnern.

„Erinnerst du dich noch an Joshua?", fällt es David ein. Joshua pupste in Gerdas Stunde genau in dem Augenblick, als sie sich nach ihrem Stift bückte. Er wählte den perfekten Moment. Ihre Nase befand sich exakt auf Höhe seines Hinterns. Die intensive Duftwolke ließ den Großteil ihrer Nasenhaare absterben. Deswegen musste sie sogar in eine Erholungsanstalt.

„Ja, sicher! Er lieferte eine irre lustige Aktion", erinnert sich Michael. „Gerdas knallrotes Gesicht und die angelaufene Brille waren urkomisch! Die ganze Klasse lachte. Daraufhin wurde sie immer wütender. Am Ende standen ihre Kopfhaare aufrecht, wie nach einem Elektroschock."

Jetzt muss auch Samuel kichern. „Glaubt ihr die Pupswolke war schuld an ihrer Gesichtsfarbe? Sie sah aus wie ein Chemieunfall." Samuel hält sich den Bauch vor Lachen.

„Ja, Joshua war ein ziemlich cooler Socken. Der hat sich was getraut!", gibt Raphael neidisch zu. „So viel Mut hatte seither niemand mehr. Außer DIR, Samuel! Von dir wird man bestimmt auch noch lange reden. Du hast dich mit dem genialen Wolken-crashing unsterblich gemacht!"

Auch David ist der gleichen Meinung: „Du bist unser neuer Held! Der Terminator der schwarzen Regenwolken! Der furchtlose und unerschrockene Mister Cool!"

Durch die Lobesreden seiner Freunde fühlt sich Samuel unbe-siegbar.

Mit erhobener Brust und einem Batzen Haarwattegel verwan-delt er sich im Nu in MISTER COOL. Ein Held muss schließlich auch wie ein Held aussehen. „Auf geht's Freunde!", ruft Samuel selbstsicher. „Gerda erwartet mich!"

8.

„Oh, nein", bemerkt David, „in wenigen Minuten beginnt die nächste Unterrichtsstunde." Im Turboflug geht es zurück zur Lernwolke.

Gerade als Samuel in die Klasse huscht, kommt Frau Gerda mit lauten Schritten um die Ecke gebogen. „Puh, das war knapp!", flüstert er.

Alle sitzen mucksmäuschenstill auf ihren Plätzen. Mit einem heftigen Ruck öffnet sich die Tür. Bläck Gerda donnert in die Klasse. Sie klatscht ihre mitgebrachten Bücher auf den Tisch. Spätestens jetzt geht die letzte Spinne noch in Deckung.

Samuel hält den Kopf nach unten gesenkt. Augenkontakt mit der Lehrerin wird um jeden Preis vermieden. Das ist seine Taktik, um nicht so häufig im Unterricht gefragt zu werden. Diesmal merkt er zu spät, dass Gerda vor ihm steht. Erschrocken sieht er einen schwarzen Schatten auf der Tischfläche. Noch bevor er sich innerlich sammeln kann, brüllt sie los: „Samuel, der Direktor erwartet dich!"

„Viel Glück!", flüstert Raphael. Samuel verlässt den Raum.

In der Klasse hört man Gerda weiter unterrichten. Sie fordert David auf, aus dem Lehrbuch etwas vorzulesen. Diesmal wäre Samuel lieber freiwillig im Unterricht geblieben. Das anstehende Gespräch mit dem Schulboss liegt ihm schwer im Magen.

9.

Der Direktor, Udo Zwiderwurz, hat einen Raum im unteren Stockwerk. Nur bei wichtigen Anlässen zeigt er sich. Davon gibt es nicht viele. Samuel fällt spontan nur die Urkundenüberreichung nach bestandener Abschlussprüfung ein. Dort gratuliert er Hände schüttelnd jedem Einzelnen. Sein Gesicht kennt man ausschließlich von dem Bild, das in jeder Klasse hängt. Auf diesem guckt er sehr grantig.

Die buschigen Augenbrauen von Herrn Zwiderwurz sind dunkelbraun. Er hat schmale Lippen und einen extrem strengen Blick. Wenige schneeweiße Haare wachsen auf seinem Kopf. Von einer Frisur kann man allerdings nicht sprechen, eher von

„Einzelschicksalen" in geknicktem Zustand. Noch strenger machen ihn die runde goldene Lesebrille und die Falten auf der Stirn. Das Schokoparfum ist das Beste an ihm. Dieser himmlische Duft beglückt die gesamte Schulwolke.

Gedanken an das anstehende Gespräch erhöhen den sonst so ruhigen Pulsschlag von Samuel. Sein Herz klopft hektisch. Panik steigt auf! Seine Hände schwitzen ekelig. Innerlich versucht er sich zu beruhigen. „Reiß dich zusammen! Wird schon nicht so schlimm werden. Eine kurze Standpauke, dann ist das Gröbste überstanden. Einfach auf Durchzug schalten!"

Jetzt fehlen nur noch zwei Schritte bis zur Tür des Direktors. Auf einem goldenen Schild steht in großen Buchstaben: Dipl. Engl. Dir. Udo Zwiderwurz

10.

Samuel setzt zum Klopfen an. Plötzlich vernimmt er ein seltsames Streitgespräch aus dem Direktorat. Um die Stimmen besser zu verstehen, hält er vorsichtig ein Ohr an die Tür. „Ich habe es dir so oft gesagt! Du musst strenger mit deinen Schülern sein. Wenn das so weitergeht, werde … Du brauchst gar nicht grinsen! Dir wird das Lachen schon vergehen …!"

Das Gespräch ist schwer verständlich. Samuel kann nur einzelne Wortfetzen mithören. Dazwischen sind längere Pausen. Es scheint, als wäre die zweite Person bereits eingeschüchtert wie ein kleines Mäuschen. Nicht ein Pieps kommt von ihr. Kein „Gut, wie Sie meinen!", oder „Sie können mich mal!". Letzteres wäre in dieser Situation ohnehin nicht schlau.

Nicht nur Schülern, sondern auch Lehrern ist es offensichtlich verboten, dem Direktor zu widersprechen. Er ist total spaßbefreit. Herr Zwiderwurz nimmt alles sehr ernst und ist mega nachtragend.

Die Redepause zieht sich lange. Verdächtig lange! Entweder ist DER böse Blick des Direktors tödlich, oder sein Gegenüber hat komplett aufgegeben. Die gruselige Stille im Büro lässt nichts Gutes vermuten. Unheimlich! Am liebsten würde er laut hilfeschreiend davonlaufen. Wahrscheinlich ist es längst zu spät, den Helden zu spielen ...

Ein winziges Fünkchen Tapferkeit kann Samuel zusammenkratzen. Er ist bereit, sich dieser äußerst gefährlichen Situation zu stellen. Vielleicht kann er das arme Mäuschen vor Herrn Zwiderwurz noch retten?

11.

Mit einer locker geformten Faust klopft er vorsichtig an die Tür. Die strenge Stimme meldet sich: „Herein!" Langsam drückt Samuel die Türklinke nach unten. Durch den schmalen Spalt erblickt er den Direktor.

Vor lauter Aufregung wird Samuel schwummrig vor den Augen. Erst als er sich beruhigt hat, versteht er, warum NUR der

Chefengel gesprochen hat. Niemand wurde „mundtot" gemacht. Er hat Herrn Zwiderwurz lediglich bei seinen täglichen Sprechübungen vor dem Spiegel ertappt. Ein schräger Vogel …

Mit dem Allerschlimmsten hatte Samuel gerechnet. Nun findet er eine völlig harmlose, eigentlich lustige Situation vor. Die Anspannung fällt ihm wie ein riesiger Sandsack von den Schultern. Ein kleines Grinsen kann er sich dennoch nicht verkneifen. Sprechübungen mit dem eigenen Ich! Das ist wohl das Seltsamste, das er je gehört hat. Untoppbar! Nicht in zehn Lichtjahren!

Ein Spiegelbild
lässt sich nicht austricksen.
Es lächelt nur zurück,
wenn sein Gegenüber grinst.

Samuel betritt das Büro. Herr Zwiderwurz betrachtet sich immer noch im Wandspiegel. Er biegt seine wenigen Haare zurecht und schnäuzt sich ekelig in ein Taschentuch. Überzeugt von seiner „prächtigen Erscheinung" (so denkt er über sich), zwinkert er seinem Spiegelbild zu. Trotzdem blickt er sauer, wie eine dicke schwarze Regenwolke kurz vor dem Platzen.

12.

Herr Zwiderwurz sieht genauso aus wie auf dem Foto in der Klasse. Blöderweise ist er grundgrantig (immer grantig, ohne Grund) und nicht, wie erhofft, tagesgrantig (tageweise grantig). „Komm herein und setz dich!", befiehlt er kurz. Samuel nimmt Platz auf einem Stuhl, der vor dem mächtigen Schreibtisch steht. Die Wortpause ist fast unerträglich. Endlich beginnt der Direktor zu sprechen. Dabei wird Samuel aus seinen Gedanken gerissen.

„Frau Gerda war vorhin fuchsteufelswild und komplett über-müdet", murrt er. „Einen ungestörten Mittagsschlaf benötigt sie sehr dringend. Lehrer müssen sich nach den anstrengenden Unterrichtsstunden erholen. Ich verstehe natürlich den Ärger meiner Kollegin. Was mich jedoch noch viel mehr stört, ist die Tatsache, dass du den ganzen Vormittag geschwänzt hast! Zusätzlich nimmst du Bengel schamlos sämtliche Wolken auseinander!"

„Es tut mir leid! Ich konnte mich heute einfach nicht überwinden aufzustehen", erwidert Samuel kleinlaut. „Meine Wolke hat mich verschluckt ..."
„Ich will von dem Unsinn nichts wissen!", unterbricht ihn Herr Zwiderwurz. „Frau Gerda und ich sind uns einig: Der verpasste Lernstoff muss unbedingt nachgeholt werden! Herr Keinwitzki holt dich morgen Vormittag ab. Du wirst mit ihm zur Erde fliegen und ihm eine Woche lang bei der Arbeit dort helfen!"

„Aber ich schaffe den langen Flug noch gar nicht! Außerdem ist es für einen Engel ohne Abschlussprüfung viel zu gefährlich bei den Menschen", versucht Samuel der Strafe zu entkommen. Das Gesicht des Schulleiters läuft kirschrot an. Er zieht Samuel an den Ohren: „Du hast mir nicht zu widersprechen!! Wer so viel Frechheit an den Tag legt wie du, der wird auch eine Reise zur Erde verkraften! Ende der Diskussion!"

Samuel möchte seinen Mund zum Gegenangriff öffnen. Da gibt ihm der Direktor weiter Gas: „Denke nicht einmal daran! NIEMAND widerspricht MIR!"

Der kleine Engel bekommt nasse Augen. Eine Träne kann er gerade noch zurückhalten. Samuel atmet tief durch und gibt sich gewohnt lässig: „Es ist mir eine Ehre, Herrn Keinwitzki zu begleiten."

„Dem ist nichts mehr hinzuzufügen!", sagt Herr Zwiderwurz. „Geh jetzt wieder in deine Klasse!" Samuel verabschiedet sich höflich. Im Pilz-Wachs-Modus (entspricht ungefähr einem Schneckentempo) schleppt er sich den Gang entlang.

13.

Der Flug zur Erde ist gefährlich. Auf einer Skala von 1 (easy cheesy) bis 10 (gemeingefährlich) ist er in etwa auf 11 einzustufen. Niemand würde es wagen, ohne Begleitung in Richtung Erde zu fliegen.

Samuel erinnert sich an Joshua. Von dem erzählt man sich heute noch Geschichten. Zum Beispiel: die legendäre Bestrafung seiner Pups-Aktion. Er ist der einzige Schüler bis heute, der ohne Abschlussprüfung auf der Erde war. Joshua kam von seinem Erdausflug mit gestutzten Federn zurück. Er hatte sich total verändert. Es schien so, als hätte man ihm dort seine Null-Bock-Einstellung geklaut. Wie das passieren konnte, bleibt ein wohl gehütetes Geheimnis!

Eines steht zu tausend Prozent fest: „Josh" ist mutiert. Er wurde zum größten Langweiler, den der Himmel je gesehen hat!! Stinke öd und fad! Und das bedeutet etwas, denn Joshua war die Coolness in Person. Der Coolste der Coolen! Die Wurstigkeit höchstpersönlich!

Früher war er frech und aufmüpfig, seine Meldungen zum Totlachen. Das absolut größte Vorbild! Jeder wollte sich etwas abgucken von seinem spektakulären Auftreten. Viele versuchten ihn zu kopieren. So wirklich gelungen ist es niemandem. Die meisten machten sich lächerlich. Nur Josh beherrschte die Mister Cool Nummer in Perfektion, bis in die letzte Federspitze.

14.

Von seiner „Immer-Cool-Art" blieb nur ein winziges Rest-Minimum übrig. Heute stellt er nichts Besonderes mehr dar. Er ist nun nur mehr einer unter vielen. Aufgrund seiner extremen Wandlung wurde er kaum noch wiedererkannt. Joshua hatte sich in einen Typ ohne Ecken und Kanten verwandelt!

Das Leben ist eine Entdeckungsreise:
spannend, aufregend, verändernd.

Die zerzausten Haare waren auf einmal sauber
frisiert. Sein Markenzeichen, die coole zer-
rissene Jeans, war gegen eine schicke Hose eingetauscht. Das ganze Outfit wirkte
altbacken. Auch der Gang hatte sich verändert. Früher erkannte man ihn von
weitem am Herumschlapfen. Er hatte
es zu anstrengend gefunden, beim Gehen die
Füße zu heben. Das Genie hatte es geschafft,
beim Schlendern stets mit beiden Beinen
Bodenkontakt zu halten. Seit seinem Aus-
flug zur Erde bewegte er sich schwungvoll
und mit federnden Schritten.

Am auffälligsten war sein Laser-Blick. Seine
Glubscher strahlten hell und glasklar. Bei direk-
tem Augenkontakt hatte man das Gefühl, dass er in einen hinein-
schauen könne. So als wüsste er, was man denkt und fühlt.

Keiner konnte ihm etwas vormachen. Irgendwie war das gruse-
lig für alle und äußerst unangenehm. Von da an nahmen alle
Abstand von ihm. Wer lässt sich schon gerne „in die Karten
schauen"?!

Seine Vergangenheit sorgte für Gesprächsstoff. Wenn es um
Mutproben-Geschichten geht, ist er immer noch der „Super-

Duper-Star Nummer 1". Neue verrückte Storys liefert er keine mehr. Ganz im Gegenteil: Aus ihm wurde ein mehrfach ausgezeichneter Engel! Ein richtiges Weichei!

Samuel denkt über Joshuas krasse Wandlung nach. NIEMALS möchte er so enden wie er! Es läuft ihm kalt über den Buckel. Seine Flügelfedern kräuseln sich. Er bekommt Gänsehaut am ganzen Körper. Bis heute ist unklar, was Joshua bei den Menschen widerfahren war.

„Oh Mann, wäre ich bloß aufgestanden und zum Unterricht erschienen. Was habe ich mir bloß eingebrockt. Trotzdem lasse ich mich weder verbiegen noch verwurschteln! Schlimm genug, dass Joshua das passiert ist."

Samuel ist tief in Gedanken versunken. Fast übersieht er Frau Gerda, die mit einem großen Buchstapel, die Klasse verlässt. Im letzten Augenblick springt er zur Seite und quetscht sich an die Wand. Die Lehrerin, die wegen des hohen Papierbergs nichts sieht, kracht um ein Haar mit ihm zusammen. Das hätte ihm noch gefehlt.

Zwei Zusammenstöße mit Bläck Gerda an einem Tag?! Das überlebt keiner!!

Da war sie schon die Treppe hinuntergegangen …

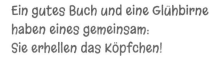

Ein gutes Buch und eine Glühbirne
haben eines gemeinsam:
Sie erhellen das Köpfchen!

15.

Samuel betritt die Klasse. Seine neugierigen Freunde stürmen auf ihn zu.

„Erzähle, Samuel!", platzt es aus Michael heraus. „Wie war es beim Zwiderpfurz?"

„Ja, wie war es?", wollen auch Raphael und David wissen.

„Nicht schlimm, alles halb so wild!", berichtet Samuel. „Der Typ ist ganz ok! Zumindest kennt er jetzt meinen Namen. Das müsst ihr mir erst einmal nachmachen!"

(Herr Zwiderwurz hat in der Tat große Probleme, sich die Vornamen der Schüler zu merken. Sein Gedächtnis hat Löcher wie ein Sieb.)

Die drei Freunde sind erleichtert. Samuel ist rasch wieder zum Scherzen aufgelegt.

„Wir dachten, du bekommst eine saftige Strafe! Du warst eigentlich schnell wieder zurück!", rätselt David.

„Ach! Der Zwiderwurz ist harmlos. Von einer schlimmen Bestrafung kann nicht die Rede sein. Er schickt mich auf eine Abenteuerreise."

Samuel versucht, keine Schwäche zu zeigen. Die bärengroße Angst vor seiner Strafe verbirgt er. Schließlich ist er der unsterbliche Mister-Cool. „Gebt euch das! Ich darf hinunter zur Erde! Ein Traum geht in Erfüllung!"

Alle erstarren vor Schreck. Totenstille! Raphael ist entsetzt: „D-d- du musst wohin?? Meinst du das ernst? Das ist ja verrückt!! Die können dich doch nicht auf die Erde schicken! Purer Wahnsinn!!" David sieht aus wie ein gefrorener Pinguin.
„Über so etwas macht man keine Scherze!" Michael ist ein wenig wütend. Er hält das Ganze für eine Lügengeschichte.

„Aber wenn ich es euch doch sage!", versichert Samuel. „Kein Scherz! Morgen früh fliege ich mit Herrn Keinwitzki zur Erde! Ihr könnt mir gern zum Abschied winken! In einer Woche bin ich wieder zurück. Dann werde ich euch alles erzählen!"

Cool wie immer spielt Samuel die Strafe vor seinen Freunden runter. In Wirklichkeit weiß er nicht, was ihn erwartet. Sein Körper hat auf „Wurstigkeits-Modus" umgeschaltet. Jedes noch so kleine Angstgefühl ist platt gemacht.

16.

Der sonst so entspannte Faulenzer bekommt diese Nacht kein Auge zu. Ununterbrochen grübelt er nach. Wie wird es wohl auf der Erde sein? Er dreht sich hin und her. Die Wolke franst immer mehr aus. Viele Teile lösen sich und schweben in der Dunkelheit davon.

Er hat großes Glück! Das Wolkenbett bringt ihn gerade noch heil über die Nacht. Am Morgen ist es schon ziemlich klein. Eine winzige Bewegung, und er wäre abgestürzt!

Ein Sonnenstrahl weckt Samuel. Der kleine Engel ist so müde, dass er keinen klaren Gedanken fassen kann. Ein furchtbarer Albtraum hat ihn aufgewühlt und sichtbare Spuren hinterlassen:

Seine Federn sind schweißdurchnässt und verklebt. Das Herz hämmert wie ein durchgeknallter Specht! Am schlimmsten hat es seine Haare erwischt! Sie sind wild verknotet und stehen stromgeladen aufrecht.

„Oh Mann, noch einmal Schwein gehabt! Fast hätte mich im Traum ein Sternenhagel erwischt! Da ist der heutige Unterricht bei Frau Gerda harmlos."

Gerade denkt er diesen Satz fertig. Da fällt es ihm blitzartig wieder ein: „Mist! Die Horror-Reise!!" Sein Atem stockt, das Gesicht wird papierbleich. Alles würde Samuel dafür geben, um ins Traumland zurückkehren zu dürfen. Sogar den Sternenhagel hätte er jetzt in Kauf genommen! Den würde er schon irgendwie ertragen.

„Planetenmist! Jeden Moment taucht dieser Keinwitzki auf! Ich könnte mir vor Wut eine Feder ausreißen! Warum bin ich nur in diese doofe Wolke geflogen?!"

Samuel hört hinter sich ein leises Geflüster. Als er sich umdreht, beginnt David zu witzeln: „Sieh dich nur an!", und biegt sich vor lauter Lachen.

„Hahaha, du schaust aus wie ein gerupftes Hu-hu-huhn!!!",
schließen sich Raphael und Michael dem Gelächter an. Tränen
schießen aus ihren Augen. Schließlich reißt der Spaß auch Samuel mit: „Das ist die perfekte Tarnung für die Erde! Alle werden sich vor mir erschrecken und schreiend davonlaufen!"
„War dieses Kostüm im Angebot?", kichert David.

17.

Der Einzige, der sich von der Gaudi nicht anstecken lässt, ist
Herr Keinwitzki. Überpünktlich erscheint er bei Samuels Wolke
und verzieht keine Miene. Nicht einmal die kleinste Lachfalte
ist in seinem Gesicht erkennbar. Wahrscheinlich würde man
vergeblich mit einer Lupe oder einem Mikroskop danach suchen.

Eines ist bombensicher: Der witzbefreite Lehrer wird sich ne-
ver-ever (niemals) an einer Sache totlachen!

Herr Keinwitzki blickt so streng, dass die kleine Schlafmütze
sofort aufspringt. Superschnell schlüpft Samuel in sein Gewand.
„Warum bist du so schlecht vorbereitet?", mault der Lehrer.
„Du bist weder fertig angezogen, noch hast du deine Tasche
gepackt."
Samuel wehrt sich mutig: „Ich brauche nicht viel. Nur das und
das und das …"

Währenddessen spaziert Herr Keinwitzki ungeduldig auf und ab.
Endlich ist Samuel fertig. „So, ich bin bereit! Es kann losgehen!"
„Das wurde aber auch Zeit!" Im selben Moment startet der

Lehrer. Winke, winke! „Tschüss, Freunde!" Danach stürzt er sich von der Wolke, Herrn Keinwitzki hinterher.

Achtung!
Lachen vertreibt den Ernst!

Samuel hat große
Mühe nachzukommen.
Der Lehrer befiehlt:
„Bleib immer dicht hinter mir!
Konzentriere dich! Achte auf Hindernisse!
Fliege vorausschauend! Du musst dich jetzt
zusammenreißen und stark sein! Man kann hier mit tausend
gefährlichen Dingen zusammenkrachen!"
Den letzten Satz hat Samuel kaum verstanden. Es ist unglaublich
laut! Beinahe übersieht er ein Flugzeug, das auf ihn zusteuert.
Ein schneller Haken zur Seite rettet ihm das Leben. Trotzdem
erfasst ihn der Sog einer Turbine.

Wie in einer Waschmaschine wird Samuel heftig herumge-
schleudert. Zum Glück spuckt ihn die Turbine wieder aus! Das
war knapp! Ihm ist stark schwindelig. Benommen taumelt das
Engelchen durch die Luft. In der Ferne erkennt er verschwommen
einen kleinen Punkt. Es ist Herr Keinwitzki, der von all dem
nichts mitbekommen hat. Vielleicht ist es auch besser so. Wer
weiß, wie er reagiert hätte.

Normalerweise fliegt der Lehrer ohne Begleitung zur Erde. Mit
dem Schüler an der Backe wirkt er etwas genervt. Er wirft einen

Kontrollblick nach hinten. Samuel ist fast außer Sichtweite. „Wo bleibst du denn?", hört man ihn meckern. Der Lauser verschweigt ihm sein Missgeschick. „Alles paletti!", schwindelt er. Was Herr Keinwitzki nicht weiß, macht ihn nicht heiß!

Bis zur Erde ist es nicht mehr weit. Leider bedeutet das nicht, dass Samuel von weiteren Katastrophen verschont bleibt …

18.

Eine bunte Vogelfrau fliegt gerade mit dem Abendessen in Richtung Nest. Frau Paradiso hat einen ganz besonderen Leckerbissen dabei. Ihre Kinder sind ganz wild auf die süßlich schmeckenden Blaubeerwürmer. Diese seltene und sehr schlaue Sorte ist äußerst schwer zu überlisten. Der Zufall wollte es heute, dass sich ihre Wege kreuzen. Am liebsten hätte die Vogelmama ihn selbst verspeist. Aber der Gedanke, ihn mit ihren drei Kindern zu teilen, hat das Leben des Wurmes noch vorläufig gerettet.

Die Freude über eine Nachspeise vermehrt sich, wenn man sie mit anderen teilt.

Ihre Kleinen sind bereits in Sichtweite. Sie ist nur eine Sekunde abgelenkt. Plötzlich kreisen hundert Sternchen um ihren Kopf. Frau Paradiso rammt Samuel seitlich. Der Zusammenstoß ist heftig! Der arme kleine Engel fällt wie ein Stein vom Himmel. Ebenso der leckere Happen!

Das Glück hat sich diesmal für Blue-Kurt, den Wurm, entschieden! Diesem außergewöhnlichen Ereignis werden Blaubeerwürmer einen Feiertag widmen. Er wird unter dem Namen „Blue-Frei-Day" bekannt sein.

Ein heftiger Windstoß schleudert Samuel in einen Baum. Die kleinen Zweige brechen bei dem Aufprall. Knacks! Mit einem Bauchfleck landet er in einer dreckigen Pfütze.

Samuel verliert das Bewusstsein. Langsam kommt er wieder zu sich. Komische Wesen umzingeln ihn. Sie picken und zupfen an ihm herum. Dabei machen sie seltsame Geräusche. Bookbok-bokbok-bobobok ...

Lieber bunt, verrückt und durchgeknallt als ein farbloses, gewöhnliches, verschnarchtes Huhn!

„Wollen die etwa von mir kosten? Hey, ihr verrückten Federtiere, haut ab! Lasst mich in Ruhe!" Er richtet sich auf und torkelt zwischen den neugierigen Hühnern umher.

Herr Keinwitzki kramt in seinem Rucksack nach etwas Essbarem. Typisch! Wieder einmal hat er von den Ereignissen um ihn herum null mitbekommen!

19.

Der Sturzengel sieht mitgenommen aus. Er ist dreckverschmiert und zerrüttet. Sein Lehrer hat große Mühe, ihn vom Federvieh zu unterscheiden. Von Mitleid keine Spur! Nicht einmal ein „Wie geht es dir?" oder „Hast du den Flug gut überstanden?" kommt über seine Lippen. Nur ein beiläufiger Blick. Sein Mundwinkel hebt sich ganz leicht. Offensichtlich erheitert ihn die außergewöhnlich komische Situation.

Samuel ist deswegen nicht beleidigt. Im Gegenteil! Er verzeiht ihm den Grinser. Immerhin hat er es geschafft, den Lehrer kurz zu amüsieren. Das ist niemandem zuvor gelungen!

So sieht also ein Lachflash von Herrn Keinwitzki aus: eine winzige Mundbewegung plus einer mikroskopisch kleinen Lachfalte.

Wie genial ist das denn? Er wurde soeben Zeuge eines historischen Moments.

„Kein Meister-Engel ist je vom Himmel gefallen! Du musst noch viel lernen! Den Anreiseflug hast du mehr oder weniger gut überstanden!"

Ganz so locker sieht der kleine Engel das allerdings nicht. Er denkt sich: „Ich fühle mich elend, ganz furchtbar, ich bin am Ende! Der soll froh sein, dass ich noch lebe nach diesem Horrorflug!"

Der Dreck trocknet und bröckelt von Samuel ab. Flink rupft er den Hühnern ein paar bunte Federn aus. Er versucht, damit sein Federkleid aufzupeppen.
„Hier ist es egal, wie du aussiehst!", erklärt Herr Keinwitzki. „Niemand kann dich sehen, außer kleine Erdenbürger in Windeln und Tiere. Da sie nicht reden können, verständigen wir uns mit Zeichensprache."

Samuel nickt. Er überlegt: „Umso besser! Wenn mich niemand sieht, stört auch niemand beim Chillen. Ich werde mir später ein ruhiges Plätzchen zum Faulenzen suchen. Herrlich! Hier ist es wie in den Wolken!"

Herr Keinwitzki hält seinem Schüler ein leckeres Erdbeermarmeladebrot vor die Nase. „Hier zur Stärkung."
Voller Genuss beißt Samuel ein großes Stück ab. „Mhmm danke, sehr lecker!" Die süße Jause ist schnell verschlungen.
„Heute ist noch ein kurzer Rundflug geplant. Du sollst sehen, wie die Erdbewohner leben."

Samuel fühlt sich total schlapp. Die Neugierde ist hingegen stärker! Sie lässt ihn Schmerzen und Müdigkeit vergessen.

20.

Aus der Ferne betrachtet kommt einem die Welt ziemlich verrückt vor ...

Menschen sind schon ein seltsames Volk! Fast den ganzen Tag verstecken sie sich in ihren Wohnschachteln. Nur durch wenige Gucklöcher können sie nach draußen sehen.

Samuel wagt einen kleinen Abstecher in eine Siedlung. Der erste Versuch, durch ein Fenster zu fliegen, endet in einer Katastrophe. Mit voller Wucht kracht er dagegen. Er bleibt wie eine zerquetschte Fliege an der Glasscheibe kleben.

Scheitern gibt dir die Möglichkeit, dein Wissen zu vergrößern!

Nach einer Weile schafft er es, sich zu lösen. Zum Glück ist alles heil geblieben! „Ich werde mir die fremde Welt doch lieber aus der Ferne anschauen", beschließt Samuel. Nur mit großer Mühe holt er den Vorsprung des Lehrers wieder auf.

Dieser war, ohne sich umzudrehen, einfach weitergeflogen. Pausenlos labert er unwichtiges Zeug. Blablabla! Durchzug! Samuel blickt nach unten. Seine Beobachtungen stellen ihn vor ein Rätsel. Er versteht die Welt nicht mehr ...

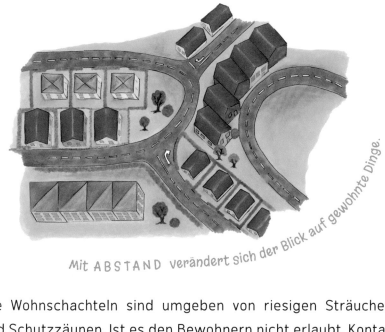

Mit ABSTAND verändert sich der Blick auf gewohnte Dinge.

Die Wohnschachteln sind umgeben von riesigen Sträuchern und Schutzzäunen. Ist es den Bewohnern nicht erlaubt, Kontakt miteinander aufzunehmen? Wie kleine Gefängnisse erscheinen diese eng aneinander geschlichteten Bauwerke. Samuel ist es völlig unbegreiflich, wie man so eingesperrt leben kann! Wohnen die Menschen freiwillig so? Werden sie dazu gezwungen?

In seiner Wolkenwelt gibt es keine Abgrenzungen. Jeder darf kommen und gehen, wie er will. Es mag schon sein, dass sich nicht alle Wolkianer gleich gut verstehen. Trotzdem wird keiner aus der Gemeinschaft ausgeschlossen.

Von Weitem entdeckt Samuel eine Gruppe Kinder. Sie lachen und scheinen sich gut zu unterhalten. Er freut sich, dass zumindest die Kleineren noch ihre „Freiheit" haben. Jedoch fällt ihm auf, dass sie kein einziges Wort miteinander sprechen.

Die ganze Zeit gucken die Mini-Erdbewohner auf Mini-Bildschirme, die sie in der Hand halten. Die Videos und Bilder scheinen der Grund für ihre gute Laune zu sein. Total gefesselt bekommen sie nichts von ihrer Umgebung mit. Wie ferngesteuert laufen sie durch die Gegend. Vielleicht erhalten sie über diese Geräte Befehle von den Größeren!? Irgendeinen Sinn muss dieser seltsame Bildschirm auf jeden Fall haben.

Für Samuel ist die Sache nun sonnenklar. Hier auf der Erde gibt es keinerlei Freiheit. Sogar die Kleinen werden ständig überwacht. „Das ist echt das Krasseste, was ich je gesehen habe!", findet er geschockt.

21.

Nach dem Rundflug meint Herr Keinwitzki: „Es ist Zeit für ein ausgiebiges Erholungsschläfchen! Der heutige Tag war anstrengend genug. Du hast den restlichen Nachmittag frei. Wir sehen uns morgen, pünktlich zum Frühstück!"

Samuel hätte es sehr spannend gefunden, die Umgebung noch ein wenig im Alleinflug zu erkunden. Die Müdigkeit ist jedoch stärker. Er streckt sich, gähnt noch einmal und begibt sich ins Land der Träume.

Diese Nacht war eine der unbequemsten seit Langem. Sein ganzer Körper ist mit blauen Flecken bedeckt. „Dieser doofe nackte

Erdboden!" Sogar mit einer mit Hagelkörnern vollgestopften Schreckenswolke hätte Samuel getauscht.

„Ich sehe schlimmer aus als Raphael, der diese üble Krankheit* hatte." (*Wolkenplattern = juckende kleine blaue Punkte) „Die kommende Nacht schlafe ich sicher nicht mehr auf dem Boden! Ein weiches Bett muss her!"

Herr Keinwitzki ist schon länger wach. Trocken erklärt er: „Heute habe ich eine Aufgabe für dich! Finde einen Erdbewohner, der deine Hilfe braucht, und löse sein Problem!"

„Puh! Na super!", denkt sich Samuel. „Woher soll ich wissen, wer meine Hilfe braucht? So ein Schwachsinn!"

„Schließe die Augen! Konzentriere dich auf deine Gefühle! Der erste Gedanke ist immer der richtige."

„Wenn's sein muss. Dann probiere ich es eben." Nichts. Rein gar nichts passiert ... Wobei, wenn Samuel ehrlich ist, liegt es an ihm. Er hält seine Augen nicht fest genug geschlossen! Generell findet er die ganze Aufgabe bescheuert. Herr Keinwitzki versteht in dieser Sache aber keinen Spaß. Beinhart lässt er Samuel einen Versuch nach dem anderen starten. Schließlich klappt es dann doch ...

22.

Babygeschrei erregt Samuels Aufmerksamkeit. Der Lehrer ist zufrieden und begleitet ihn zu seinem neuen Schützling. „Nun, wie es scheint, hat dich dieser kleine Erdbewohner auserwählt. Gib dein Bestes! Pass gut auf ihn auf! Ich muss nun weiter. In ein bis zwei Tagen hole ich dich wieder ab. Wird schon schiefgehen!"

„Schiefgehen? Da hat er wahrscheinlich gar nicht so unrecht", denkt sich Samuel. (Der Spruch bedeutet natürlich, dass Keinwitzki ihm alles Gute wünscht.) „Ein stinkender Schreihals! Das ist ja noch schlimmer als der Flug zur Erde! Wie soll ich jetzt in Ruhe faulenzen?"

Das kleine, eingezäunte Wesen befindet sich direkt vor ihm: eine brüllende, megagroße Mundhöhle, riesige Nasenlöcher, tränenüberströmte Wangen ... Kritisch betrachtet er es. Hallelujah! Ein übelriechender Gestank steigt aus der Windelgegend empor. „Iiiiih! Voll ekelig!"

Plötzlich bemerkt Samuel einen zweiten kleinen Erdenbürger, der sich hinter dem Gitterbett versteckt. Er grinst schelmisch. Was hat er bloß vor? Ohne Vorwarnung reißt dieser dem Stinker den Schnuller aus dem Mund und versteckt ihn unter der Babydecke. Der Junge liebt es, sein Schwesterchen zu ärgern.

Gerne steht der Lausbub im Mittelpunkt. Er möchte, dass sich seine Mutter nur mit ihm beschäftigt. Endlich wird das Baby gewickelt! Samuel traut sich näher heran. Der Umgang mit so kleinen Geschöpfen war einmal Thema einer Lernstunde.

23.

Bläck Gerda ging wichtige Vorschriften (Himmelsbuch, "Wolkengesetz Nr. 9") mit den Schülern durch:

§ *Nur kurz Augenkontakt halten!*

§ *Keine hektischen Bewegungen!*

§ *Niemals kleine Erdenbürger in Windeln erschrecken!*

§ *Das Entscheidendste ist der erste Eindruck!*

§ *Das Wesen darf keine Albträume von der Begegnung bekommen!*

Das ist alles, was sich Samuel von der Lernstunde gemerkt hat. Viel ist es nicht. Das Wissen reicht aber vorläufig aus.

„Irgendetwas Wichtiges hat sie noch gesagt …", grübelt Samuel angestrengt nach. Und da ist es wieder! Die letzte hinterste Gehirnzelle meldet sich. Ein tiefvergrabener Spruch, den Gerda in dieser Unterrichtsstunde erwähnt hat. Der schlimmste Satz ever! Ungebremst holt ihn sein Gedächtnis hervor: „Vorschrift geht vor, sonst schießt du dir ein Eigentor!"

Das klang aus ihrem Mund richtig schrecklich. Anhand der komischen Wortwahl erkennt man, dass Bläck Gerda steinalt ist. Ihre Sprüche sind alle ätzend! Gott sei Dank verwendet sie unsere coolen Sprüche nicht. Die wären auf ewig verschandelt!

Manchmal muss man
Altes auf den Kopf stellen,
um Platz für Neues zu schaffen!

Damals ließ sich Samuel kopfüber aus einer Wolke hängen, um den Satz aus seinem Kopf zu schütteln. Ohne Erfolg! Nächster Versuch: „Vielleicht gelingt es mir, mit neuem Lernstoff den blöden Spruch hinauszudrängen?" Schlussendlich kam er enttäuscht zu der Erkenntnis: Einmal gespeichert, bleibt immer gespeichert!

Weiteren Weisheiten von Gerda entkam er zum Glück erfolgreich. Mittlerweile schaltet er auf Durchzug. Bei einem Ohr hinein, beim anderen hinaus! Ständig diese blöden Eselsbrücken! Meganervig, wenn einem beim Faulenzen Gerdas Sätze in den Sinn kommen!

Nebenwirkungen sind: Gänsehaut, Kopfschmerzen oder im schlimmsten Fall Brechreiz!!!

DIE Lösung ist: Fingerstöpsel in den Lauschern! Das schützt am besten. Was kann das Gehirn dafür, wenn sich ein furchtbarer Buchstaben-Wurm einnistet!?

40

24.

Das Baby fixiert Samuel mit starrem Blick. Er denkt sich: „Echt doof! Was soll ich jetzt die ganze Zeit machen? Voll langweilig!" Auf Grübeln hat er auch keinen Bock mehr. Er beschließt, sich aufs Ohr zu legen. Beim Schlafen kann man wenigstes nichts falsch machen! Noch einmal gähnen und ab ins warme Nest! Unter der Bettdecke ist es kuschelig.

einsam + einsam =
nicht mehr so einsam.

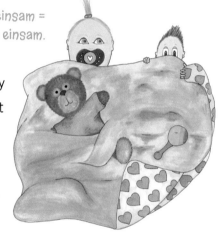

Über den Gast staunt das Baby nicht schlecht. Beide überkommt ein tiefer Schlaf.

Die Mittagssonnenstrahlen kitzeln Samuel wach. Er ist so stark geblendet, dass er die Augen kaum öffnen kann. Peng! Ein fester Faustschlag trifft ihn mitten auf die Nase. Sterne kreisen um seinen Kopf. „Was für eine Begrüßung! Hier muss man sich wohl alles gefallen lassen!?"

Vorsichtig untersucht er seine Nase. Ist sie gebrochen? Nein, alles noch heil! Die Übeltäterin schläft immer noch. Sie hat von all dem nichts mitbekommen. Um ein Haar hätte sie Samuel k. o. geschlagen. Als ob das nicht schon reichen würde! Das Baby beginnt plötzlich lauthals zu schreien. „Oh Mann, was ist jetzt wieder? Bitte lass mich noch ein wenig schlafen!" Samuel ist total übermüdet. Er hat absolut keine Lust, den Schreihals durch Belustigung zu beruhigen. Die Mutter kümmert sich um die Lästwanze. Dem Himmel sei Dank!

Sie schlägt die Bettdecke zur Seite. Samuel, der darauf Platz genommen hat, wird heftig gegen das Gitter geschleudert. Sein Schädel wird zwischen zwei Holzstäben eingequetscht. Er ähnelt einer Fliege unter der Klatsche! Sein Kopf ist länglich verformt. Die Augen haben kaum noch Platz nebeneinander. Der Mund ist schräg verzogen.

Wer sich von anderen verbiegen lässt, verliert sein wahres Gesicht.

Dem Mädchen war der lustige Anblick nicht entgangen. Die Augen der Kleinen strahlen und sie grinst. Samuel schafft es, sich zu befreien. Erst einige Stunden später kehrt sein Gesicht wieder in die Ursprungsform zurück.

Diese Geschichte wäre für seine Freunde ein „gefundenes Fressen". Bestimmt hätten sie ihn „Fliegengatsch" oder „Matschbirne" genannt.

Namen wechseln bei uns schnell. Ob „Mister Cool" oder „Doppel-Loser", das entscheidet oft nur eine einzige, blöde Aktion. Ein neuer Spitzname klebt so lange an einem fest, bis er von einem besseren abgelöst wird. Verglichen mit einer Namensänderung ist ein verformter Hirnkasten ein Klacks.

Diesmal kommt Samuel gut davon.

25.

Ruckizucki vergeht die Zeit auf der Erde. Immer das Gleiche: Windeln befüllen, lärmen, quengeln, futtern, im Kinderwagentaxi mitfahren … Am meisten beschäftigen Samuel die ständigen Hänseleien. Das Mädchen muss sich von ihrem Bruder einige Frechheiten gefallen lassen. Unentwegt versucht er, seine Schwester wachzuhalten! Sie soll ihm bei den Lausbubenstreichen zuschauen:

Begeistert verteilt er den Inhalt von Zahnpastatuben und Shampoos am Boden. Mit wasserfesten Stiften beschmiert er Wände. Im Kleiderschrank werden Nacktschnecken und Spinnen gesammelt. Manchmal hängt der Junge das Anfangsstück der Klopapierrolle in die Toilette. Dann betätigt er die Wasserspülung und lässt so Rolle für Rolle die Kanalisation hinunter.

Quietschvergnügt ist der Schlingel bei seinen Aktionen. Auf frischer Tat ertappt, streitet er alles ab und zeigt „unschuldig" mit dem Nasenbohr-Finger auf sein kleines Schwesterchen. Doch diesen Quatsch kauft ihm niemand ab. Das Baby taugt logischerweise nicht als Komplizin.

Samuel plant einen Gegenangriff. Bing! Ein Gedankenblitz! Die geniale Idee ist bombensicher! „Warum bin ich nicht gleich daraufgekommen? Die Lösung ist Joshuas Giftgasangriff auf Bläck Gerdas Duftprüfer (= Nase)! Damals ging es nur um einen kleinen, harmlosen Pups. Eine riesige, übelriechende Windelladung hingegen bedeutet höchste Gefahrenstufe! Davon ist er tausendpro überzeugt.

Er versucht, dem Winzling seine Idee klarzumachen. Mit Händen und Füßen fuchtelt Samuel wild umher. Schweißgebadet und völlig fertig beendet er die Pantomime (= Zeichensprache). Das Baby grinst. Ist sein Plan auch wirklich angekommen? Ganz sicher ist er sich nicht. Jetzt gilt es abzuwarten. Für ein zweites Herumgehopse reicht seine Kraft nicht mehr aus.

Das Mädchen lässt sich eine Mahlzeit nach der anderen schmecken. Zwei Tage bereitet sie sich auf das große Finale vor. Der Bauch ist aufgebläht und spannt schon extrem. Zum idealen Zeitpunkt biegt der große Bruder um die Ecke. Sein Gesichtsausdruck verrät, dass er etwas im Schilde führt.

Der Bub nähert sich dem Gitterbett. Er klettert über die Stäbe. In seinen Händen hält er ein Modellauto. Es gehört seinem Vater. Dinge aus der Glasvitrine zu nehmen, ist eigentlich strengstens verboten! Das entwendete Fahrzeug möchte er seiner Schwester unter die Decke legen.

Das Baby stellt sich schlafend. Kurz öffnet es ein Auge, um sicherzugehen, dass die Bombe auch im richtigen Moment hochgeht. Der Junge hebt die Decke an. Mit dem ganzen Oberkörper schlüpft er darunter. Er will das Auto gut verstecken.

Wusch! Die Bombe geht hoch! Die Ladung ist heftig! Eine stinkende Masse läuft seitlich aus. Keine Windel auf Erden hätte sie halten können! Der Junge kreischt vor Entsetzen! Er stürzt sich aus dem Gitterbett und flieht schreiend in den Garten. Nicht nur die Eltern, auch die ganze Nachbarschaft kommt angelaufen.

Ein Lausbub hat viele Gesichter, diesmal ein grünes.

Den Jungen hat es schlimm erwischt. Rot unterlaufene Augen sind die Folge des ätzend beißenden Gestanks. Seine Haut schimmert grünlich. Ausschlag verbreitet sich am ganzen Körper. Am ärgsten hat es jedoch das Gesicht erwischt: Es ist voller Kacke! Und stinkt gewaltig! Bis zum Himmel!

Der Sprung kopfüber in den Swimmingpool des Nachbarn rettet ihm vermutlich das Leben.

26.

Gut, dass Samuel auf genügend Sicherheitsabstand geachtet hat. Sonst wäre seine Kleidung Giftmüll. Mit großer Begeisterung beobachtet er das Schauspiel. Vor lauter Lachen kann er sich kaum auf den Beinen halten. Er wälzt sich am Boden hin und her. „Hast du das gesehen? Dem haben wir's aber gezeigt!!!

Hahahaahah!! Gut gemacht!!! Was für eine gewaltige Bombe!! Grenzgenial!"

Dem großen Bruder ist allerdings das Lachen vergangen. Er muss ab sofort bei offenem Fenster schlafen, weil er so entsetzlich riecht. Der juckende Ausschlag verschwindet nur langsam. Jeden Tag wird ihn sein Spiegelbild daran erinnern: Leg dich besser nicht mit deiner kleinen Schwester an!

Am nächsten Morgen holt Herr Keinwitzki Samuel ab. „Was duftet hier so komisch?", will er wissen.
„Keine Ahnung!", grinst Samuel. „Ich rieche nichts!" Der Lehrer rümpft die Nase. Er versucht, den unangenehmen Geruch so gut als möglich zu ignorieren. „Wie ich sehe, ist alles in bester Ordnung. Die Geschwister verstehen sich blendend! Der Bub lässt das Baby in Ruhe. Er beschäftigt sich alleine in seiner Spielecke."
„Ja, alles paletti! Die Zwei haben es letztendlich begriffen! Sie halten jetzt genug Sicherheitsabstand voneinander."

Samuel zwinkert der Gitterbettbewohnerin zu. Dann verabschiedet er sich. „Wir treffen uns bestimmt wieder einmal." Leider wird das Mädchen Samuel beim nächsten Wiedersehen bereits vergessen haben. Sie kann ihn dann auch nicht mehr sehen. Vielleicht ist das auch besser so! Äußerlich zeigt sich Samuel ohnehin nicht in Bestform. Er sieht aus wie ein zerrupfter Vogel, der noch nie einen Federsalon (= Frisörstudio) von innen gesehen hat.

27.

Draußen wartet Herr Keinwitzki bereits ungeduldig. Nervös geht er auf und ab. Sogar in der Wiese hat er schon eine deutliche Spur gezogen. „Samuel, kommst du endlich?", beschwert er sich. Dabei steht der Schlawiner schon längst hinter ihm.

Der Lehrer wirkt stets gestresst und gedanklich abwesend. Viele Dinge um ihn herum bekommt er nicht mit. Wahrscheinlich ist das auch der Grund, warum er so grantig ist. Alles muss schnell und sofort erledigt werden. Für ihn ist es unmöglich, etwas aufzuschieben: Besser heute als morgen! Mit Fleiß und Disziplin bekommst du alles hin! „Was wäre Herr Keinwitzki ohne seine Standardsprüche?", denkt sich Samuel. „Aber jedem sein Kuckuck!"

Im Grunde genommen ist Herr Keinwitzki okay. Bis jetzt ist er halbwegs erträglich. Eine Woche mit einer gewissen anderen Lehrerin wäre im Vergleich viel schrecklicher gewesen! Bläck Gerda hätte Samuel jeden Tag dazu gezwungen, pünktlich aufzustehen sowie stundenlang versäumte Schulaufgaben nachzuschreiben! Wie grauenvoll, was für ein Horror! Würg! Samuel wird speiübel bei dem Gedanken daran.

Das Lob von Herrn Keinwitzki hätte er fast überhört: „Ich muss schon sagen, du hast dich vorbildhaft benommen bei den Kleinen. Die Stimmung war sehr gut! Manchmal ist unsere Arbeit einfacher als man denkt! Gar nicht schlecht für den Anfang!"

„Wenn der wüsste!", denkt sich Samuel. „Ohne das Schwimm-
becken wäre sicher ein Unglück passiert …! Ganz sicher!"

28.

„So, auf zur nächsten Aufgabe!", verkündet Herr Keinwitzki
motiviert. „Wir müssen immer sehr wachsam sein! Zu helfen
in der Not, ist unser oberstes Gebot! Wer braucht unsere Hilfe
als Nächstes? Schau dich um! Versuche vorausschauend zu
denken! Als Übung nehmen wir gleich diese beiden Buben dort
drüben her. Momentan vertragen sie sich noch. Aber sieh genau
hin! Der dicke Junge hat eine Zornfalte auf der Stirn. Um diese
müssen wir uns nun kümmern!"

Plötzlich geht alles ganz schnell. Der Lehrer schnappt Samuel
bei den Flügeln und zieht ihn hinter sich her. „Schnell! Uns läuft
die Zeit davon!" Sie landen auf den Schultern des dicken Jungen.
Einer links, einer rechts. „So haben wir alles besser im Blick!"
Herr Keinwitzki holt ein Lineal aus seiner Weste und deutet
damit auf die Falte.

„Um den Wut-Grad zu ermitteln, müssen wir die Falte genau
vermessen." Er übergibt Samuel das Lineal.
„Ich würde sagen: 2,458 cm lang und 0,053 mm tief."
„Ok, gut!", lobt ihn der Lehrer. „Jetzt müssen wir gut achtgeben!
Sollte sich die Falte um ein Tausendstel vertiefen, wird es
kritisch! Dann besteht höchste Gefahrenstufe! Nicht nur für
den anderen Jungen, sondern auch für uns! Wir könnten von

den Schultern hinabgeschleudert werden! Das ist nicht ganz ungefährlich!"

„Die Falte ist um 0,001 mm tiefer geworden!", stellt Samuel fest. „Die Situation muss unbedingt entschärft werden!" Herr Keinwitzki zieht ein komisches Werkzeug aus seiner Hosentasche. „Dazu benutzen wir dieses Gerät: den Faltenglätter!" Unter seinen Achseln erwärmt er die beiden Walzen.
„Das ist ekelig!", denkt sich der kleine Engel. „Dieses Ding fasse ich sicher nicht freiwillig an! Bäh! Es riecht nach Achselschweiß!"

Die Laune steigt,
wenn alles glatt läuft.

Der Lehrer erklärt weiter: „Du musst ihn auf die tiefste Stelle der Falte drücken! Benutze den Glätter wie eine Schere! Dadurch entspannt sich die Haut."
„Wow, cool!", stellt Samuel begeistert fest. „Es funktioniert tatsächlich!"
Schwupdiwupp! Die Falte verschwindet. Die Laune des Jungen bessert sich.

Konzentriert auf die eine Sache, übersehen die beiden Helfer etwas Wichtiges. Der dünne Junge wird plötzlich sauer. Eigentlich wollte er den Dicken ärgern. Das Lachen seines Spielkammeraden wird ihm zu blöd. Er läuft rot an wie eine Tomate. Mit der flachen Hand schlägt er ihm ins Gesicht.

29.

Klatsch! Voll erwischt! Samuel wird fast zwischen Hand und Gesicht erdrückt. Die Aktion dauert nur den Bruchteil einer Sekunde. Als der Dünne die Hand wieder zurückzieht, stürzt Samuel von der Schulter des Dicken. In letzter Sekunde fängt ihn der Lehrer auf. Er zieht ihn zur Seite. „Du meine Güte!", sorgt sich der Lehrer. „Geht es dir gut? Ich war so vertieft ins Erklären, dass ich den anderen Erdenbürger völlig aus den Augen gelassen habe."

„Oh Mann, was für ein Schlag!" Samuel ist ganz schwarz vor Augen. In seinen Ohren tönt ein schrilles, klirrendes Geräusch. Die Flügel schmerzen furchtbar. Sein ganzer Körper fühlt sich an, als hätte sich ein fetter Elefant mit seinem Hinterteil auf ihn gesetzt. Am liebsten wäre er liegengeblieben und nie wieder aufgestanden.

„Ich glaube, das wird schon wieder! Versuch aufzustehen! Bleib nicht liegen wie ein nasses Handtuch! Ein Wolkianer kennt keinen Schmerz!"
„Der hat leicht reden! Dem ging es nicht an den Kragen!", ärgert sich Samuel. Wird er jemals wieder aufstehen können nach diesem brutalen Angriff?

Mit einer vorsichtigen Bewegung überprüft Samuel den Ernst der Lage. Kein Schmerz! Er versucht, sich langsam aufzusetzen.

„Was für ein Glück, dass sich Engel nichts brechen können*!", fügt der Lehrer hinzu.

*Engel haben eine wichtige Aufgabe zu erfüllen. Aus diesem Grund stehen sie unter speziellem Schutz. Es ist ihnen erlaubt, schmerzstillende Medizin einzunehmen. (nachzulesen im Himmelsbuch „Wolkengesetz Nr. 3") Zu finden ist dieses Wundermittel vor allem in Erdbeeren. Diese Frucht enthält Stoffe, welche die Selbstheilungskräfte um ein Vielfaches verstärken.

Samuel hat noch nie davon gehört. Es überrascht ihn, dass die Schmerzen so schnell verschwunden sind. „Unglaublich!", wundert er sich. „Ah! Das Erdbeermarmeladebrot! Jetzt erinnere ich mich wieder! Bei der Ankunft auf der Erde durfte ich von Herrn Keinwitzkis Jausenbrot abbeißen."

Der kleine Engel versteht jetzt, warum sein Lehrer diese Mahlzeit so gerne mag. Er liebt nicht nur den Geschmack, sondern isst sie auch aus anderen Gründen.

„Alles wie weggezaubert. Ich bin wieder wie neu! Wäre super, wenn das auch in den Wolken so funktionieren würde. Erdbeeren heilen alle Wehwehchen. Echt genial!! Ich hätte jetzt Lust auf eine Runde Spaßraufen mit meinen Freunden. Ohne Schmerzen. Schade, dass sie nicht mitkommen konnten!"

Ein kleines, süßes Stück Marmeladebrot ist noch übrig. Die beiden Engel teilen es gerecht in der Mitte.

Schmatzend beginnt Herr Keinwitzki zu labern: „Weißt du noch? Erste Klasse? Heilfrucht? Klingelt's?"

„Ja, natürlich!" Bläck Gerda erwähnte damals irgendetwas über Erdbeeren. „Wen interessiert's!? Egal! Hauptsache, ich spüre nichts!", denkt er sich.

30.

Herr Keinwitzki schnattert unaufhaltsam weiter. Blablabla. Samuel hört ihm nicht zu. Er bekommt von all den wichtigen Belehrungen nicht viel mit.

„Also", beendet der Lehrer nun seinen Vortrag, „beim nächsten Mal achtest du auf diese Dinge! Ich kann dich nicht ständig im Auge behalten!"
Samuel nickt. Der große Engel fühlt sich bestätigt, dass seine Anweisungen angekommen sind. „Gut, dann auf zur nächsten Aufgabe!"

Der Lehrer zieht eine Liste aus seiner Hosentasche. Mit gekonnten Handbewegungen streicht er einige Punkte der Auflistung. Er murmelt: „Punkt 5, 7 und 9 erledigt." Samuel steht nicht direkt neben ihm. Trotzdem erkennt er von Weitem die schlampige Schrift von Frau Gerda.
„Ich wusste es!" Sie hat den gesamten Lernstoff notiert, den er in den letzten Jahren versäumt hatte. „Sternenkacke! Das

schaffen wir nie in einer Woche!" Samuel dreht es den Magen um. „Für heute lassen wir es gut sein. Wir suchen uns ein ruhiges Schlafplätzchen. Morgen geht es weiter. Ist der Schlaf sehr gut, hast du morgen Mut! Komm, wir richten uns ein Nebelbett!"

Ein gemütliches Plätzchen in einer Nebelschwade zu bauen, ist gar nicht so einfach. Die Wolken sind sehr dünn. Oft lösen sie sich auf und sind dahin. Samuel braucht viel Geduld, um ein halbwegs schönes Bett zu formen.

Am nächsten Morgen freut er sich, dass seine Schlafwolke noch heil ist. Der Lehrer hingegen ist irgendwann mitten in der Nacht aus seiner Wolke gepurzelt. Die harte Landung im Gras konnte ihn nicht aus seinem Schlaf reißen. Als Samuel erwacht, hört er Keinwitzki furchtbar laut schnarchen. Ein vorbeifahrendes Motorrad weckt den Träumenden. Guten Morgääähn!

31.

An diesem Tag hängt ein seltsamer, übler Geruch in der Luft. Begleitet wird dieser von lautem Gelächter und wilder Musik. Eine Gruppe Jugendlicher hat sich im Park versammelt. Sie scheinen sich gut zu unterhalten. Einige tanzen oder liegen auf Decken in der Sonne. Andere kühlen ihre Füße im Teich. Die ausgezogenen Stinkeschuhe sind der Grund für die verpestete Umgebung.

„Dies ist die perfekte Gelegenheit für Punkt Nummer 12!", ruft Herrn Keinwitzki begeistert. „Wir beschützen nicht nur Menschen, sondern helfen auch der Tierwelt! Es ist unsere Pflicht, die Insekten vor dem Ersticken zu bewahren." Ganz verstanden hat Samuel nicht, was er damit meint.

„Der heutige Giftlufteinsatz ist sehr gefährlich! Er gleicht einem Unfall im Atomkraftwerk. Gefahrenstufe 10! Wir müssen uns schützen, um gut davonzukommen."
„Jetzt knallt er komplett durch!", denkt sich Samuel. „Der ist doch verrückt!"

Zack! Zack! Zack! Keinwitzki hält ihm hundert Dinge vor die Nase: Neonfarbener Sicherheitsanzug, luftdichter Helm plus Schutzbrille, wasserdichte Handschuhe und Sauerstofftrichter.

Sich zu schützen ist gut, wenn man etwas Gefährliches tut!

Die Ausrüstung ist ihm viel zu groß. Samuels Begeisterung hält sich in Grenzen. Beide schlüpfen in die Schutzkleidung. 99 Prozent luftdicht! Es ist fast unmöglich, darin zu atmen. Der Lehrer hilft Samuel mit dem Sauerstofftrichter. Dieser ist mit einem

Mundstück verbunden. Aahhh! Endlich bekommt er wieder Luft! Noch ein paar Tropfen Duftöl in den Trichter (Das Öl reinigt die stinkende Luft). Fertig!

32.

Mit den schweren Sachen kann man nicht fliegen. Zu Fuß nähern sie sich dem ersten Paar Stinkeschuhe. „Sei vorsichtig! Der Gestank ist aggressiv! Auf keinen Fall darfst du den Glashelm während des Einsatzes abnehmen! Du bekommst sonst eine schlimme Augenentzündung."

Samuel ist durcheinander. Was läuft hier eigentlich ab? Was hat die ganze Verkleidung mit Insektenschutz zu tun? Herr Keinwitzki reicht ihm einen grauen Behälter. Vorne hat er eine winzige, hinten eine große Öffnung.

Die Luft ist rein, ich atme tief ein!

„Du musst den Geruchswandler in die Schuhöffnung drücken. Auf diese Weise wird der gesamte Gestank eingefangen. Nun aktiviert sich der Duftfilter. Er verwandelt miefende Wolken in wunderbaren Blumenduft. So werden die kleinen Tierchen gerettet. Komm, die Zeit läuft!"

„Voll krass!", findet Samuel. „Ich dachte, dass Blütenduft nur von Blüten kommt. Wenn die Menschen das wüssten!"

Voller Tatendrang und bestens geschützt, beginnen beide mit der Arbeit. Die Gase sind gefährlich. Als Samuel sich dem Schuh nähert, läuft sein Glashelm an. Er drückt den Geruchswandler hinein. Sofort gibt es eine Reaktion. Die Insekten werden wieder klar im Kopf. Sie nähern sich ihm auf der Suche nach Blüten. Anstatt des leckeren Nektars, finden sie jedoch einen komischen Behälter. Das verwirrt sie!

„Einfach mal abhängen", sagte der Matte in der Hängematte.

Eine ganze Weile geht es so weiter. Erschöpft fallen die Retter ins Gras. „Genug Insekten geholfen für heute!" Keinwitzki holt mit letzter Kraft die Liste aus seiner Hosentasche. Er streicht den letzten Punkt.

„Alle Aufgaben erledigt! In zwei Tagen geht es wieder ab nach Hause! Morgen müssen wir uns erholen. Kraft tanken für den Rückflug! Diesmal werden wir in einer Hängematte schlafen. Ist absturzsicherer!"

Mitten im Park entdecken sie einen großen Apfelbaum. Ein perfekter Schlafplatz! Zusammen basteln sie sich superbequeme Betten. Nach getaner Arbeit fällt der Lehrer erschöpft in einen tiefen Schlaf. Auch Samuel reist ins Land der Träume. Zufrieden liegen die Engel in ihren Matten. Der süße Blumenduft liegt noch lange in der Luft.

33.

Den ganzen nächsten Tag schlafen sie durch. Zeitgleich werden sie am darauffolgenden munter. Sie stärken sich mit leckeren Äpfeln. Energiegeladen und mit großer Vorfreude stehen sie in den Startlöchern.

Ein kurzer Wettercheck: Herr Keinwitzki schleckt seinen rechten Zeigefinger ab und hält ihn in die Luft. Perfektes Heimreisewetter! Keine Regenwolke in Sicht. „Bleibe wieder dicht hinter mir, wie letztes Mal!" Heute wird Samuel den Rat befolgen und sich an die Fersen des Lehrers heften. . Auf Schwierigkeiten hat er keine Lust mehr! Und los geht's! Zisch!

Ohne grobe Zwischenfälle nähern sie sich den Heimatwolken. Bei der Ankunft bekommt Samuel ein fettes Lob: „Tapferkeit und Mut stehen dir richtig gut! Du hast dich weiterentwickelt. Bravo! Ich werde bei Frau Gerda ein gutes Wort für dich einlegen!"

Samuel denkt sich: „Zugegeben, es war richtig toll auf der Erde! Die Katastrophen bleiben mein kleines Geheimnis. Muss ja nicht gleich jeder wissen! Beim nächsten Mal werde ich manche Dinge anders angehen. Und was Frau Gerda betrifft: Eigentlich ist sie gar nicht so blöd. Was sie lehrt, macht Sinn. Ich möchte in Zukunft pünktlicher sein und besser aufpassen! Schließlich geht es bei der Abschlussprüfung um die Wurst! Die mitgebrachten Schrammen und blauen Flecken sind spitze! Damit lässt sich gut angeben! Sie bestätigen meine Coolheit! Jetzt bin ich aber erstmal an einem Nickerchen interessiert. Ein bisschen Ruhe in gewohnter Umgebung. Oh, yeah!"

34.

Nach der Verabschiedung fällt Samuel auf, dass es komisch ruhig ist. Keiner seiner Freunde wirbelt durch die Luft, niemand streitet sich um eine Wolke, kein lautes Gelächter. Auch von Davids täglichen Übungen auf seinem Instrument hört man nichts. Was für ein Segen! Die jaulenden Töne der sterbenden Trompete sind ultranervig!

Trotzdem ... Den Empfang zu Hause hätte er sich schon anders vorgestellt. Er dachte, seine Freunde würden ihn mit Tausenden Fragen löchern. Normalerweise sind sie immer heiß auf brandaktuelle Storys.

Mucksmäuschenstille! „Wo sind die bloß alle?" Nicht einmal ein Pfurz vom Zwiderwurz! Und wo ist Frau Gerda? Nichts tut sich, einfach gar nichts! Kein Lebenszeichen! Tote Hose!

„Egal", denkt er sich ein wenig wütend, „die können mich alle mal! Zumindest hat sich meine Wolke nicht vertschüsst." Sie schwebt wie gewohnt, völlig unbeschadet, an der gleichen Stelle. „Wenigstens auf dich kann man sich verlassen!", lobt Samuel seine Wolke. „Du bist die Einzige, die auf mich gewartet hat!"

Er ist den Tränen nahe. Seine innere Coolness kann gerade noch das Schlimmste verhindern. Nicht auszudenken, wenn ihn jemand beim Heulen sehen würde! Denn ein „Mister Cool" muss seinen weichen Kern stets verbergen. In diesem Fall hilft nur eine Medizin, um sich wieder besser zu fühlen: eine Runde Extrem-Wolking! Danach ist man wie neu geboren! Also ... Augen zu und geradewegs hinein in die ....

35.

... Begrüßungsparty!!! WOW!!! Ein richtig toller Empfang! So wie es sich eben für den edlen „Ritter" gehört! Heimgekehrt vom großen Abenteuer!!! Die Wolke ist kaum wiederzuerkennen. Sie ist geschmückt mit bunten Lichtern. Auf einem riesigen Plakat steht geschrieben: „Willkommen zurück, Samuel!"

Was ihn jedoch am meisten freut ist: Alle seine Freunde sind gekommen! Sogar Lehrer! Bestimmt wollen sie ihm Fragen über die Reise stellen. Samuels Stimmung steigt mit einem Augenblick gewaltig.

Er könnte vor Freude SCHREIEN, TANZEN und SINGEN! Doch in all diesen Dingen ist er noch nie besonders gut gewesen. Darum entscheidet er sich für: ein b r e i t e s Lächeln.

Ein Lächeln steht jedem gut! Auch Fred, dem Frosch.

Wer schon einmal einen Breitmaulfrosch gesehen hat, der weiß, wie Samuel jetzt in etwa aussieht. Selbst die bunte, grell strahlende Discokugel neben ihm wirkt im Vergleich wie eine schwache Energiesparlampe. Nichts und niemand strahlt in diesem Moment stärker als das Grinse-Gesicht von Samuel. Auf der Erde könnte man diese seltene Lichterscheinung mit einer

Sternschnuppe verwechseln. Amerikaner würden schwören, sie hätten ein leuchtendes UFO gesichtet. Und Astronauten würden womöglich den Untergang der Erde durch einen glühenden Asteroiden vermuten.

Grinsen muss man sich nicht erarbeiten.
Glücklich sein genügt!

Alle geknipsten Fotos sind überbelichtet. Aber wer braucht schon Fotos? Dieser Moment bleibt so oder so auf ewig erhalten: in Gedankenbildern!

Erst jetzt bemerkt Samuel, dass es herrlich nach Ananas duftet. Seine Freunde haben in mühsamer Kleinarbeit die ganze Wolke in Ananas-Sirup getaucht. Sie schmeckt wunderbar nach Zucker-watte! Raphael und David heben Samuel auf ihre Schultern. Michael schüttelt eine Flasche Honigsprudel. Sie steht heftig unter Druck. Als Samuel sie öffnet, verteilt sich der gesamte Inhalt über die Wolke.

Den ganzen Abend und die ganze Nacht wird ausgiebig gefeiert! Das mitgereiste Erd-Souvenir (Windelgeruch) wird übertüncht von himmlisch süßem HONIG-ANANASDUFT!

Unser Leben gleicht einer Wolke:
Einmal weiß, dann grau und schwarz.
Doch hinter jeder scheint die SONNE.